GENEALOGIE
DE
LA MAISON DE FAY
EN VELAY,

DRESSÉE fur les Titres originaux, vieilles Chartres & autres Enfeignemens, & tirée mot pour mot du *Manufcrit* du Nobiliaire hiftorique de Languedoc.

Par M. GASTELIER DE LA TOUR, Ecuyer, *de la Ville de Montpellier, Auteur de ce Nobiliaire.*

A PARIS,

DE L'IMPRIMERIE DE VINCENT.

M DCC LXII.

AVEC PRIVILEGE DU ROI.

GENEALOGIE

DE
LA MAISON DE FAY
EN VELAY.

DE FAY, Marquis de *la Tourmaubourg*, Seigneur de *Sainte-Segolaine ; Signon, Cha-brespine, la Baftie* en Velay, Diocèfe du Puy, &c.

Dont le Seigneur de *Coiffe*, Baron de *Du-nieres*, Seigneur de *Mazel* & de *Pleine* audit Pays de Velay.

Le Seigneur Marquis de *Gerlande*, Baron de Boulogne en Vivarais, Baron des Etats de Languedoc.

Le Seigneur de *Solignac*, à Tournon en Vivarais.

Et le Seigneur de *la Cheze*, Seigneur de la Chapelle-Perigny, d'Avanton, &c. établi en Poitou, d'où eft forti le Seigneur de la Gibotiere, dans la même Province.

De gueules, à la bande d'or, chargée d'une fouine d'azur.

Cette Maifon, une des plus anciennes du Languedoc, tire fon nom de la Terre de Fay dans le haut Vivarais. Elle a donné beaucoup de Chevaliers de Malte, deux

A ij

Evêques, un de Poitiers, l'autre d'Uzès ; un Chambellan de
Charles VII ; grand nombre d'Officiers dans nos armées ;
elle a contracté les alliances avec des Comtes de Valentinois, & de Diois, les Polignac, les Bermond d'Anduse,
les Montmorency, la Fare d'Alais, la Vieuville, la Baume-
Suze, Grolée, Senneterre & autres grandes Maisons ; &
présentement il y a un Maréchal de France & un Comte
de Lyon, du nom de Fay la Tourmaubourg.

I.

Gallia chris-
tiana.

PIERRE de **FAY**, Seigneur de *Fay* en Vivarais,
Comte du Velay, vivoit l'an 1100. Il fit des donnations
à l'Eglise de Chanac, dépendante de l'Abbaye de Pebrac
en Auvergne.

De *Marie*, sa femme, il eut

1° *Pierre*, mort sans postérité.

2° *Pons*, qui suit.

II.

H. g. d. L.
T. II. p. 290.

PONS de **FAY**, Seigneur de Fay, de la Voulte,
&c. qualifié *Consularis* * & son frere *Pierre* vendirent, en
1197, une partie de leur patrimoine à l'Abbaye de Saint-
Chaffre pour fournir aux frais du voyage de la Terre-
Sainte.

Pons avoit épousé, en 1145, *Agnès* de Polignac, & il
en eut, *Pons* qui suit.

III.

PONS de **FAY**, II du nom, *Damoiseau*, Seigneur
de Fay, de la Voulte, Vertoison, Chapteuil, Lardeyrol,
Mezeres, Beaulieu & d'Ortias en Velay, rendit hommage
de ses Terres à l'Evêque du Puy en 1220, & fit une don-
nation la même année du consentement de *Garantonne*, sa
femme, & de ses fils à Saint-Robert, & à la maison de
Saint-Julien, de son bois de Monteanin ; ses enfans furent

1° *Guillaume*, qui suit.

2° *Pierre*, dont on parlera après son frere.

3° *Urbain*, mort sans postérité.

---

* Le mot latin *Consularis*, étoit anciennement un titre équivalent à celui
de Comte.

I V.

GUILLAUME de FAY, Damoiseau, Seigneur de Fay, de la Voulte, Vertoison, Chapteuil, Lardeyrol, &c. fut surnommé *Jourdain*, parce qu'il fut baptisé sur le fleuve, de ce nom dans la Palestine.

On ignore le nom de sa femme, dont il n'eut qu'une fille, nommée *Philippa*; elle fut mariée en 1139, avec *Aimar* de Poitiers, Comte de Valentinois & de Diois, & lui apporta, comme héritiere de la branche aînée, les Terres de Fay, de la Voulte, & plusieurs autres Terres en Vivarais.

I V.

PIERRE de FAY, II du nom, Seigneur de Chapteuil, (frere de *Gillaume*) fut marié en 1220; on ignore le nom de sa femme : il eut pour fils *Pons* qui continue la postérité.

V.

PONS de FAY, III du nom, Damoiseau, Seigneur de Chapteuil, fit une vente, en Novembre 1244, à l'Evêque du Puy, de la douzieme partie qu'il avoit au château de Mezeres; le nom de sa femme est ignoré. Ses enfans furent

1º *Artaud* qui suit.

2º *Pons*, reçu Chevalier de S. Jean de Jérusalem en 1260, fut Commandeur de S. Jean du Puy en 1295.

3º *Eustache*. Il eut un fils nommé Reynaud, qui épousa, par acte du 3 Avril 1323, *Reynaude* de Boucharde, de laquelle naquit *Arnaud*, dont on ignore la destinée.

4º Autre *Pons*, Commandeur du Devesset & Grand-Prieur d'Auvergne en 1294.

V I.

ARTAUD de FAY, Chevalier, Seigneur de Chapteuil, vivoit en 1344; sa femme n'est point connue : il fut pere d'*Arnaud* qui suit.

V I I.

ARNAUD de FAY, Chevalier, Seigneur de Chapteuil,

8

fut marié vers l'an 1350 avec *l'héritiere* de Peyraud &
en eut.

1° *Guillaume* qui suit.

2° *Raymond* qui a formé la branche des Seigneurs de
la Tourmaubourg.

3° *Artaud*, reçu Chevalier de Rhodes en 1359, devint
ensuite Commandeur de Devesset & de S. Jean, Grand-
Prieur d'Auvergne. Son tombeau est à la droite de l'entrée
de l'Eglise de S. Jean du Puy.

VIII.

GUILLAUME de FAY, II du nom, Seigneur de
Chapteuil & de Peyraud, épousa, en 1356, *Garine* de
Truchet, dame de Loignac. Il fut tué à la bataille de
Brignais, proche Lyon, en 1361, & laissa de son mariage
François qui suit.

IX.

FRANÇOIS de FAY, Seigneur de Chapteuil & de
Peyraud, épousa, le 10 Juin 1393, *Alix* de Salignac.

De ce mariage vinrent

1° *Cliquet*, qui suit.

2° *Jean*, Grand Bailly de la Morée; il se trouva au
Chapitre général de l'Ordre des Chevaliers de Rhodes
en 1459, & fut tué l'an 1462, en défendant valeureuse-
ment la Morée contre les Turcs.

3° *Artaud*, mort sans postérité.

4° *Guillaume* qui a formé la branche des Seigneurs de
Solignac, dont il sera fait mention après celle des Seigneurs de Gerlande.

X.

CLIQUET de FAY, Seigneur de Chapteuil & de
Peyraud, épousa, en 1437, *Elisabeth* de Brotte.

Il mourut en 1467, laissant de son mariage *Hector*,
qui suit.

XI.

HECTOR de FAY, Seigneur de Chapteuil & de
Peraud, épousa, le 10 Juillet 1476, *Catherine* de Rebé,
& en eut *Noël*, qui suit.

XII.

Noël de FAY, Seigneur de Chapteuil & de Peyraud, Lieutenant de Roi en Dauphiné, époufa, le 10 Juin
1520, *Françoife* de Saint-Gelais : de ce mariage vinrent,

1° *Antoine*, qui continue la defcendance.

2° *Jean*, marié avec *Louife* de Varin, de Virien : il a
formé la branche de ce nom, qui eft éteinte.

3° *Jean-Juft*, Commandeur des Echelles en 1554.

4° *Girard*, dit Saint-Romain, Chevalier de Malte en
1532, Commandeur de Bellecombe en 1540.

XIII.

Antoine de FAY, Seigneur de Peyraud, Gouverneur de Montpellier,

Fut marié le 22 Septembre 1540, avec *Françoife* de la
Baume, & eut d'elle,

1° *Jean*, qui fuit.

2° Autre *Jean*, Evêque de Poitiers en 1568, mort
en 1578.

3° *Louis*, auteur de la branche des Seigneurs de la
Cheze, établie en Poitou.

XIV.

Jean de FAY, Baron de Vefenobre, Seigneur de
Peyraud & de Jonas, Chevalier de l'Ordre du Roi,
Capitaine de cinquante hommes d'armes, Gouverneur de
la haute Breffe,

Epoufa, le 5 Mars 1576, *Marie* de Montmorency,

Le Roi HENRY IV le fit Sénéchal de Beaucaire & de
Nîmes par Lettres dattées du camp de Bar-fur-Seine, du
Avril 1590 : il occupa cette charge près de quarante
ans, & il en obtint la furvivance pour fon fils aîné.

Les enfans qu'il eut de fon mariage furent,

1° *Henri*, qui fuit.

2° *Paul-Antoine*, Evêque d'Uzès, en 1614, mort à la
fin du mois de Mars 1633.

3° *Gedeon*.

4° *Jules*.

XV.

HENRI de **FAY**, Baron de Vefenobre, Seigneur de Peyraud & de Jonas, Sénéchal de Beaucaire & de Nîmes, Maréchal des Camps & Armées du Roi, fut marié en premieres nôces avec Jeanne de Saint-Chriftophe, & en secondes nôces, le 25 Juin 1607, avec *Jufte* de la Fare.

Il fut pere de *Jules-Cefar*, qui fuit.

XVI.

JULES-CESAR de **FAY**, Baron de Vefenobre, Seigneur de Peyraud & de Jonas,

Épousa, en 1680, *Jeanne-Marie* de Muas, & n'a laiffé qu'*une fille* qui a époufé le Préfident de Saint-Prieft.

SEIGNEURS DE LA TOURMAUBOURG.

VIII.

RAYMOND de **FAY**, 2ᵉ fils d'Arnaud & de l'héritiere de Peyraud, fut marié, en 1360, avec *Marguerite* de Saint-Quentin, fille d'*Aimar* de Saint-Quentin, & de *Catherine* de l'Herm.

Il fut pere de *Raynaud*, qui fuit.

IX.

RAYNAUD de **FAY**, Seigneur de Saint-Quentin & de l'Herm,

Époufa, en 1387, *Catherine* de Sauffac : il eut de cette alliance *Arnaud*, qui fuit.

X.

ARNAUD de **FAY**, II du nom, Seigneur de Saint-Quentin & de l'Herm,

Fut mariée en 1401, avec Marguerite de Bofco-Vatio, & eut d'elle,

1° *Arnaud*, qui continue la defcendance.

2° *Guiot*. Il fut un des vingt Gentilshommes, ou Lances de la Sénéchauffée de Beaucaire qui devoit fe tenir prêt à marcher en conféquence de l'Ordonnance du Roi du 30 Janvier 1455.

XI.

ARTAUD de FAY, Seigneur de Saint-Quentin & de l'Herm, H. g. d. L.
T. IV. p. 453.

Fut fait Chevalier le 16 Mai 1420, par *le Dauphin* qui fut enfuite *Charles VII*, parce qu'il s'étoit diftingué contre les Bourguignons. Ce Monarque devenu Roi, le nomma fon Chambellan par Brevet du 18 Juillet 1444.

Artaud époufa, le 5 Juillet 1449, *Blanche* de Vaugelas, héritiere de Gerlande.

Il fit fon fils aîné, *Jean*, héritier de fes biens par fon teftament de l'année 1482.

De fon mariage vinrent,

1° *Ledit Jean*, qui fuit.

2° *Renaud*, héritier des biens de fa mere, lequel a fait la branche des Seigneurs de Gerlande.

XII.

JEAN de FAY, II du nom, Seigneur de S. Quentin & de l'Herm,

Epoufa, le 10 Décembre 1480, *Charlotte* de la Tour, fille de *Louis* de la Tour, Seigneur de Villermas-la-Tour, & de *Catherine* Alman, héritiere de Vaudragon.

Il fit fon teftament le 15 Mars 1512, & laiffa de fon mariage *Chriftophe*, qui fuit.

XIII.

CHRISTOPHE de FAY, Seigneur de Saint-Quentin & de l'Herm,

Epoufa, le 25 Mai 1527, *Marguerite* Malet, fille unique, & héritiere de *Jacques* Malet, Baron de la Tourmaubourg, Seigneur de Chabrefpine en Velay.

Il fit fon teftament le 4 Juin 1548, & laiffa de fon mariage *Jean*, qui fuit.

XIV.

JEAN de FAY, III du nom, Baron de la Tourmaubourg, Seigneur de Saint-Quentin, de l'Herm & de Chabrefpine,

Commandant pour le Roi dans le Pays du Velay, époufa, le 24 Avril 1558, *Marguerite* du Pelous, fille de *François* du Pelous, & de *Claudine* de Luffinge. « S'étant » trouvé au Puy avec les Seigneurs de Junchieres & de » Beaune en 1562, où ils étoient allé, pour affaires par-» ticulieres, ils fe joignirent avec la nobleffe du Velay, » qui étoit pour lors affemblée dans cette ville, fe défen-» dirent avec tant de valeur, qu'ils obligerent l'armée du » Baron des Adrets, compofée de fept à huit mille hom-» mes, de fe retirer des Fauxbourgs du Puy qu'elle avoit » faccagée. Les affiégeans étoient venus devant cette » Ville à la pointe du jour le 4 Août.

H. g. d. L.
T. V. p. 235.

Il fit fon teftament le 22 Avril 1595.

Les enfans qu'il eut de fon mariage furent,

1° *Hector*, qui fuit.

2° *Jean*, Chevalier de Malte le 30 Décembre 1580, Commandeur de Montferrand, & Grand Bailly de Lyon en 1643.

3° *Jacques*, auteur de la branche des Seigneurs de Coïffe.

4° *Guillaume* qui a formé la branche des Seigneurs de la Baftie, préfentement éteinte.

X V.

HECTOR de FAY, Baron de la Tourmaubourg & de Chabrefpine, Sénéchal du Puy,

Fut marié, le 7 Février 1588, avec Marguerite de Rochechamblas,

Il fit fon teftament le 21 Juin 1624,

De fon mariage naquirent,

1° *Jean*, qui fuit ;

2° *Juft*, reçu Chevalier de Malte en 1600.

X V I.

JEAN de FAY, IV du nom, Baron de la Tour-maubourg & de Chabrefpine,

Après avoir été reçu Chevalier de Malte le 14 Janvie 1614, & fait fes caravanes, quitta l'Ordre en 1631, & époufa Jeanne de la Motte-Brion, & eut d'elle,

1° *Jacques*, qui fuit ;

2o *Jean-Hector*, Chevalier de Malte le 30 Novembre 1664, fut Commandeur de Chambery, de Lurciel, ensuite Commandeur de Cette en 1685 : il commanda les troupes du Pape & de Malte à Coron en Morée, où il fut tué le 24 Juillet de la même année 1685, n'étant âgé que de quarante-sept ans ;

3° *Antoine*, reçu Chevalier de Malte le 30 Novembre 1669, devint Capitaine d'une galere de Malte. Il fut Commandeur d'Olloy & de Carlat en 1720.

XVII.

JACQUES de FAY, Baron de la Tourmaubourg & de Chabrespine,

Fut marié, en 1671, avec *Eleonore Palatine* de Dyo de Montpeiroux, & il en eut,

1o *Jean-Hector* : qui suit ;

2° *Jean-Philibert*, reçu Chevalier de Malte en 1680, fut ensuite Grand Maréchal de l'Ordre & Grand Bailly de Lyon en 1732 : il mourut au Puy en Velay le 4 Février 1759, âgé d'environ quatre-vingts ans ;

3° *Joseph*, reçu Chevalier de Malte le 14 Mars 1708, fut Chanoine Comte de Lyon en 1718, & a eu l'Abbaye de Beaulieu, Diocèse du Mans, en 1747.

XVIII.

JEAN-HECTOR de FAY, Marquis de la Tourmaubourg, Maréchal de France, Chevalier des Ordres, Gouverneur de Saint-Malo, Seigneur de Chabrespine, de Sainte-Segolaine, de Signon, & de la Bastie en Velay, &c.

Né vers l'an 1674,

A été marié trois fois,

En premieres nôces, le 14 Juillet 1709, avec *Marie-Anne-Therese-Lucie* de la Vieuville, fille du premier lit de feu *François* de la Vieuville, fils du Duc de ce nom, & d'*Anne-Lucie* de la Motte-Houdancourt, morte sans enfans le 19 Septembre 1714.

En secondes nôces, en Janvier 1716, avec *Marie-Suzanne* Bazin de Bezons, fille aînée de *Jacques* Bazin,

Comte de Bezons, Maréchal de France, morte le 20 Juin 1726.

Il épousa sa troisieme femme *Agnès-Magdeleine* de Trudaine en Août 1731: elle étoit fille de *Charles* de Trudaine, Seigneur de Montigny-Lancoup en Montois, Conseiller d'Etat, ancien Prévôt des Marchands de la Ville de Paris. Elle mourut le 4 Août 1737.

Il y a eu du second lit,

1° *Marie-Marguerite-Eléonore*, mariée, en 1736, avec *Charles-Louis-César* de Fay, appellé Comte de Gerlande: elle mourut en 1737, & son mari l'année suivante ; ils laisserent de leur mariage une fille unique nommée

Césariette-Agnès : elle épousa, en Septembre 1752, *Claude-Florimond* de Fay, Seigneur de Coïsse, parent du Maréchal de la Tourmaubourg. Elle mourut sans postérité en 1753.

2° *Antoinette-Eléonore*, mariée, en Mars 1749, avec *Louis-Antoine* Duprat de Barbançon, Marquis de Lany, &c. Lieutenant-Général des Armées du Roi, Inspecteur Général de la Cavalerie de France, veuf depuis le 24 Juin 1750.

Du troisieme lit.

3° *Louise-Magdeleine*, née en 1732, fut mariée, le 29 Décembre 1752, avec *Charles-François Christian* de Montmorency-Luxembourg, Prince de Tingry, Lieutenant-Général des Armées du Roi, Gouverneur des Ville & Citadelle de Valenciennes. Elle mourut le 15 Septembre 1752.

Services du Maréchal de la Tour-Maubourg.

Le Marquis de la Tourmaubourg passa en 1701, dans le Régiment du Roi Infanterie en qualité de Sous-lieutenant, & eut l'année suivante l'agrément d'une compagnie de Cavalerie dans le Régiment de Montpeiroux, laquelle ayant été faite prisonniere de guerre à Crémone, il la rétablit avant l'entrée de la campagne le 14 Mai de la même année.

Il leva un Régiment d'Infanterie, qui fut employé en 1703, dans l'Armée du Maréchal de Tallard en Alsace, & servit au siége de Brisack.

Etant dans la même Armée en 1704, il en fut détaché

pour aller renforcer celle de Flandre, commandée par le Marquis de Bedmar,

Il fit une partie de la campagne en 1705, fur la Mozelle, fous les ordres du Maréchal de Villars.

Paffa en Flandre en 1706, (où le Maréchal de Villeroi ayant été forcé dans fes lign:s,) il fut chargé d'occuper les affages de la forêt de Soignies; ce qni empêcha Milord Marlboroug de fe rendre maître de la Ville de Bruxelles.

En 1707, il fervit en Piémont dans l'armée du Maréchal de Teffé, avec le Régiment de Ponthieu que le Roi lui avoit donné, & ayant été attaqué & tourné dans les lignes de Suze, il fe fit jour au travers des ennemis, & après une perte confidérable, fe retira dars la Ville de Suze, & de-là à Exilles.

En 1708, il fervit fur la même frontiere dans l'armée du Maréchal de Villars, paffa le Gabilier avec fon Régiment & celui de la Marine, & repouffant les ennemis au-delà du Mont-Genevre, les empêcha de former le blocus de Briançon.

Pendant les campagnes de 1709, 1710, 1711 & 1712, il fut chargé de toutes les avant-gardes, foit en entrant en Piémont pour y établir des contributions, & forçant les barricades de la vallée de Sture & celle de Saint-Pierre, ou en repouffant l'armée ennemie lorfqu'elle entra en Savoye, dans le deffein de pénétrer dans le Comté de Bourgogne.

En 1713 & 1714, il fervit en Catalogne fous les ordres du Maréchal de Berwick & au fiége de Barcelonne, où on donna un affaut général le 11 Septembre.

Il fut employé à la conquête de l'Ifle de Mayorque en 1715, fous le Chevalier d'Asfeld;

Fut nommé Infpecteur Général de l'Infanterie le 15 Mars 1718, & Brigadier des Armées du Roi le premier Février de l'année fuivante.

Il fut employé, au mois de Mars de la même année 1719, fous les ordres des Gouverneurs Généraux en Picardie & en Normandie, & aux Camps de Paix qui s'affemblerent fur la Sambre en 1727 & en 1732;

Eut fait Maréchal de Camp le 20 Février 1734, &

fervit en cette qualité fous le Maréchal de Coigny en 1735, & commanda un campvolant à Turkeim & à Neuftad ;

Fut nommé Lieutenant-Général le premier Mars 1738, & employé en Flandres fous les ordres du Maréchal de Noailles, pendant la campagne de 1742 ;

Et l'hiver fuivant, en 1743, il fut chargé de faire paffer 18000 hommes à l'armée de Baviere ; fit cantonner enfuite 44 Bataillons de recrues & 52 Efcadrons dans le Palatinat entre la Loutre & le Spirback, fe rendit maître de la Ville de Spire ; y fit jetter un pont fur le Rhin, & fut chargé d'occuper Achaffenbourg avec quatre Brigades à la journée de Dettingen ; il fut employé dans le Hameau pendant l'hiver de 1743 à 1744 ; & à l'ouverture de la campagne, il fe trouva au fiége de Menin, & enfuite à ceux d'Ypres & de Furnes, après lefquels il fut chargé de conduire en Alface une colonne de dix mille hommes : en y arrivant, il marcha avec tous les Grénadiers de l'armée pour favorifer l'établiffement d'un pont fur le Rhin au-deffus de Strasbourg ; rejoignit l'armée qui pourfuivoit les ennemis pour les obliger à repaffer ce fleuve, & paffa lui-même au Fort-Louis, marcha au fiége de Fribourg ; & après la prife des Châteaux, fit l'établiffement des quartiers d'hiver en Suabe, où il contint les troupes dans une exacte difcipline.

En 1745 deux de ces quartiers ayant été attaqués par des troupes du Tirol, il fe porta à l'un d'eux pour le fecourir ; & ayant raffemblé toutes fes troupes, il fit occuper un pont fur le Necker pour favorifer la retraite du Comte de Segur, qui avoit été obligé d'abandonner la Baviere.

Ayant joint enfuite l'armée commandée par M. le Prince de Conty, il foutint avec vigueur les attaques du Général Trips, lorfqu'elle fut obligée de repaffer le Rhin, paffa le dernier dans un bateau, les ponts ayant été rompus, & commanda après le paffage deux corps féparés, l'un au deffous de Worms, & l'autre vis-à-vis de Manheim.

Il fervit aux fiéges de Mons & de Charleroy en 1746, & fut détaché avec mille chevaux pour venir au devant du Roi à Valenciennes ; mais cette marche n'ayant pas eu lieu, le Maréchal de Saxe le chargea de conduire à Ramillies un convoi de dix-sept cent chariots, qui fut attaqué près de Judoigne, & n'arriva pas moins à sa destination, par les sages dispositions & bonnes mesures qu'il pris pour le défendre.

A la bataille de Rocoux, qui se donna le 11 Octobre de cette même année, il chargea (à la tête de l'Infanterie du centre qu'il commandoit) les Anglois & les Hanovriens retranchés dans ce Village, les en chassa malgré le grand feu de leur canon & de leur mousqueterie, & les poursuivit la bayonnette dans les reins : il reçut dans cette action une blessure à la hanche, plusieurs coups de feu sur sa cuirasse, & eut un cheval tué sous lui.

Après avoir passé l'hiver à Strasbourg, où il commandoit en l'absence du Maréchal de Balincourt, il retourna en Flandre en 1747, & re trouva à la bataille de Lawfelt.

Il eut, pendant l'hiver de cette année, le commandement de toute la Flandre Hollandoise.

Enfin il conduisit en 1748 la premiere colonne des troupes destinées à faire le siége de Mastricht, & y monta la premiere tranchée & la derniere.

Le Roi, pour récompenser le Marquis de la Tourmaubourg de ses services, où il a donné tant de preuves multipliées de courage, de prudence, de capacité & d'expérience, l'a nommé *Maréchal de France* le 24 Février 1757.

XV.

JACQUES de FAY, (3e fils de Jean, III du nom, Seigneur de Saint-Quentin, de l'Herm, de la Tourmaubourg & de Chabrespine, & de Marguerite du Pelous;) fut marié en 1603, avec Anne de Coïsse, dame dudit Lieu, dont il eut *Nicolas*, qui suit.

XVI.

NICOLAS de FAY, Seigneur de Coïsse, épousa, en 1641, Claire de Chavagniac, dont vinrent
1° *Balthazar*, qui suit ;

2° *Pierre-Clair*, Chevalier de Malte, lequel fut Commandeur de Courteferre en 1672.

XVII.

BALTHASAR de FAY, Seigneur de Coïffe, époufa, en 1681, *Marie-Heleine* de Truchet, dont vint *Florimond*, qui fuit.

XVIII.

FLORIMOND de FAY, Seigneur de Coïffe, fut marié, en 1710, avec *Claudine-Huguette* de Bonlieu, & en eut *Claude Florimond*, qui fuit.

XIX.

CLAUDE-FLORIMOND de FAY, de Coïffe, dit le Comte de la Tourmaubourg, Baron de Dunieres & des Etats particuliers du Velay, Seigneur de Mazel & de Pleine, au même Pays, Capitaine Commandant du Régiment de Bezons Cavalerie,

Époufa en premieres nôces, en Septembre 1752, *Marie-Agnès-Cefariette* de Fay-Gerlande, morte fans enfans en 1753.

Et en fecondes nôces, le 3 Mars 1756, *Marie-Françoife* de Belmont, dont un fils nommé *Marie-Charles-Cefar*, né le 11 Février 1757.

SEIGNEURS DE GERLANDE.
XII.

RENAUD de FAY, 2° fils d'Artaud, Seigneur de Saint-Quentin & de l'Herm ; & de *Blanche* de Vaugelas, héritiere de Gerlande,

Époufa, en 1482, *Diane* Adhemar de Monteils de Grignan, dont vinrent,

1° *Chriftophe*, qui fuit.

2° *Antoine*, Commandeur de Leurieul en 1565, fut tué la même année au fiége de Malte, où il portoit l'étendart de la Religion.

XIII.

CHRISTOPHE de FAY, Seigneur de Gerlande, fut
marié,

marié, le 21 Février 1546, avec *Guione* de Saulſac, &
eut d'elle,

1° *Gabriel*, qui ſuit ;

2° *Juſt*, dit le Chevalier de Gerlande, reçu dans l'Ordre de Malte le 2 Avril 1579, Commandeur de Charriere, & Grand Bailly de Lyon en 1638 ;

3° *Judith*, mariée le 19 Décembre 1583, avec *Fleury* de la Rivoire, Seigneur de la Rivoire & de Chadenac.

XIV.

GABRIEL de FAY, Seigneur de Gerlande, Chevalier de l'Ordre du Roi en Août 1615, ſous le régne de LOUIS XIII,

Epouſa, le 18 Janvier 1588, *Catherine* du Pelous, fille de *Nicolas* du Pelous, Gentilhomme ordinaire de la Chambre du Roi.

Il eut de ſon alliance,

1° *Juſt-François*, qui ſuit.

2° *Juſt*, reçu Chevalier de Malte le 25 Juillet 1600, fut tué à l'entrepriſe de Forgie le 30 Août 1613.

3° *Charles*, dit le Chevalier de Gerlande, reçu dans l'Ordre de Malte le 9 Octobre 1608, Commandeur de Mardieu, puis de Chamberand, Grand Bailly de Lyon en 1660.

X V.

JUST-FRANÇOIS de FAY, Seigneur de Gerlande,
Fut marié, le 6 Janvier 1624, avec *Marguerite* de la Baume, & eut de ſa femme,

1° *Gabriel*, qui ſuit.

2° *Louis*, reçu Chevalier de Malte le 19 Décembre 1631, Commandeur de Villefranche, de Celles & puis d'Olois & de Laumuze, en 1674.

3° *Antoine*, reçu Chevalier de Malte le 22 Août 1743.

X V I.

GABRIEL de FAY, II du nom, Seigneur de Gerlande,
Fut marié, en 1655, avec *Helene* de Groſlée de Montbreton, & en eut *Juſt-François*, qui ſuit.

C.

XVII.

JUST-FRANÇOIS de FAY, II du nom, Seigneur de Gerlande,

Epousa, en 1692, *Bibiane* de Senneterre, Barone de Boulogne & des Etats de Languedoc, & eut de ce mariage,

1° *Charles-Cefar*, qui suit ;

2° *Pierre-Louis*, reçu Chevalier de Malte le 28 Octobre 1701 ;

3ᵉ *Louis*, reçu Chevalier de Malte le 13 Février 1713.

XVIII.

CHARLES-CESAR de FAY, dit le Marquis de Gerlande, Baron de Boulogne en Vivarais & des Etats, Seigneur de Leftrange, du Mouchat, de Bourlatier, &c. est entré, pour la premiere fois, aux Etats de la Province en 1732.

SEIGNEURS DE SOLIGNAC.

X.

GUILLAUME de FAY, III du nom, Seigneur de Solignac, 4e fils de François de Fay, Seigneur de Peyraud, & d'Alix de Solignac, fut marié, le 12 Janvier 1429, avec *Antoinette* de Tournon.

Il eut de cette alliance,

1° *Jean*, qui suit ;

2° *Pierre* ;

3° *Claude*, marié, le 31 Janvier 1487, avec *Marguerite* de Laftic.

XI.

JEAN de FAY, V du nom, Seigneur de Solignac, épousa, le premier Jnillet 1477, *Aimée* de Saint-Didier. Il fit son teftament le 16 Janvier 1516, dans lequel, après avoir confié la tutelle de ses enfans à sa femme, il inftitua son héritier *Antoine* son fils unique, qui suit.

XII.

ANTOINE de FAY, II du nom, Seigneur de Solignac,

Eut pour femme, le 20 Août 1526, *Françoise* Duport.

Il fit son testament le 10 Juin 1579, & mourut vers l'an 1602, laissant de son mariage, *Jean*, qui suit.

XIII.

Jean de FAY, VI du nom, Seigneur de Solignac, épousa, le 5 Mars 1570, *Antoinette* Desbost.

Il fit son testament le 18 Janvier 1596, par lequel il il donne un legs à sa mere, & institue sa femme l'héritiere de ses biens, à la charge de remettre son hérédité à celui de ses enfans mâles qu'elle jugera à propos.

Antoinette Desbost fut veuve le 28 Mars 1622 : elle avoit eu de son mariage,

1° *Jean*, qui suit ;

2° Autre *Jean*, sieur de Felain.

XIV.

Jean de FAY, VII du nom, Seigneur de Solignac, épousa, le 30 Septembre 1625, *Lionette* de Chomel.

Le Maréchal de Schomberg lui écrivit cette Lettre en 1638.

» *Monsieur, les advis que je reçois de toutes parts du*
» *dessein des ennemis, qui me sont confirmés par plusieurs*
» *Lettres du Roi, m'obligent à vous prier de vous trouver*
» *à Beziers le 30 Juin, en estat de vous opposer aux des-*
» *seins que les Ennemis de ce Royaume ont sur cette Pro-*
» *vince ; & comme nous avons eû l'honneur de les chasser*
» *honteusement de Leucate, par l'effort de nos armes, je n'en*
» *ôserois moins éspérer à cette fois, si vous m'y venez aussi*
» *généreusement seconder que vous le fistes alors ; continués*
» *donc de rendre en cette occasion les preuves ordinaires de*
» *voftre affection au service de Sa Majesté, & à me rendre*
» *ce tesmoignage d'amitié duquel, en mon particulier, je*
» *vous en serai parfaitement obligé, & tiendray bien cheres*
» *les occasions de vous faire paroistre combien je suis, Mon-*
» *fieur, votre très-humble, &c.* Signé le Maréchal de
» Schomberg.

Jean testa le 18 Mai 1658, & mourut en Avril 1664, laissant de son mariage *Jean-Annet*, qui suit.

XV.

Jenn-Annet de FAY, Seigneur de Solignac, fut marié, le 18 Avril 1672, avec *Lucrece* de la Condamine, & en eut *Louis-Charles*, qui suit.

XVI.

Louis-Chales de FAY, Seigneur de Solignac, épousa, le 19 Septembre 1695, *Isabeau* de Cortial. De ce mariage vint *Claude*, qui suit.

XVII.

Claude de FAY, Seigneur de Solignac, fut marié le 20 Septembre 1731, avec *Magdeleine* de Coubladour, & en eut,

1° *Louis-Charles*, né le 14 Novembre 1733, Capitaine Aide-Major au Régiment de Foix;

2° *Marie Magdeleine*, née le 6 Novembre 1732, a épousé, le 23 Avril 1753, *Paul* Ravel, Seigneur de Montoron, Chevalier de S. Louis, Capitaine au Régiment de Bresse.

3° *Marie-Louise*, née le 20 Septembre 1734, Religieuse à l'Abbaye Royale de Saint-Paul de Beaurepaire, Ordre de Cîteaux;

4°, 5°, 6° *Trois autres filles*, non pourvues.

SEIGNEURS DE LA CHEZE EN POITOU.

XIV.

Louis de FAY de Peyraud, Seigneur des Bernardieres, 3e fils d'*Antoine* de Fay, & de *Françoise* de la Baume, suivit son frere *Jean*, Évêque de Poitiers, dans son Diocèse vers l'an 1568.

Il épousa, en 1574, *Catherine* Aubert, fille de *Barthelemi* Aubert, Seigneur d'Avanton, Président au Présidial de Poitiers, & de *Charlotte* de Boussay.

Il eut de son mariage,

1° *Pierre*, qui suit;

2° *Jean*, tué en combattant pour le parti du Roi, dans les guerres de Religion, en 1595.

X V.

PIERRE de FAY de Peyraud, Seigneur des Brandiniers, de la Chapelle-Perigny, &c.

Epoufa, par contrat du 11 Février 1601, *Françoife* Nivellet, fille de *Fortuné* Nivellet, Seigneur de Chanteguain, & de *Jeanne* du Chatellier dont eft iffu Philippe, qui fuit.

X V I.

PHILIPPE de FAY de Peyraud, Seigneur de la Cheze, de la Chapelle-Perigny, &c.

Fut marié trois fois;

En premieres nôces, par contrat du 13 Juillet 1628, avec *Renée* Boynet, fille de *François* Boynet, Seigneur de la Savaudiere, & de *Catherine* Boland, dont il n'eut point de poftérité.

En fecondes nôces, par contrat du 3 Avril 1644, avec *Marie* de Brilhac, fille de *François* de Brilhac, Seigneur de Boifvert, & de *Marie* Alexandre.

Il eut pour troifieme femme, le 30 Juillet 1662, *Marguerite* de Houffeaux, fille de *Jacques* de Houffeaux, Chevalier, Seigneur de la Gibotiere, & d'*Elifabeth* Daviau.

Du fecond lit vint,

1° *Jofeph*, qui fuit.

Du troifieme lit eft iffu,

2° *François*, qui a formé la branche des Seigneurs de la Gibotiere.

X V I I.

JOSEPH de FAY de Peyraud, Seigneur de la Cheze, de la Chapelle-Perigny, &c.

Fut marié, par contrat du 6 Octobre 1672, avec Antoinette Duflos, fille de Claude Duflos, Seigneur d'Avanton & d'Antoinette Lefecq.

De ce mariage font nés,

1° *Jacques*, qui fuit.

2° *François*, dit le Chevalier de Perigny, Capitaine au Régiment de la Marche : il fut tué au fiége de Verrue en 1705, en faifant les fonctions de Major de tranchée.

XVIII.

JACQUES de FAY de Peyraud, Seigneur de la Cheze, de la Chapelle-Perigny, d'Avanton, &c.

Epoufa, par contrat du 18 Avril 1714, *Marthe* de Bernon, fille de *Samuel* de Bernon, & de *Marie* de Cottiby, duquel mariage font iffus,

1° *Jacques-Jofeph*, qui fuit ;

2° *Jacques-René*, a fervi d'abord dans les Moufquetaires, & eft préfentement Sous-lieutenant au Régiment des Gardes-Françoifes. Il s'eft trouvé à la bataille de Fontenoy en 1745, au fiége de Maftricht en 1748 ; a été marié, le 5 Août 1752, avec *Marie-Louife-Elifabeth* de Fourcroy, fille de *Jean* de Fourcroy, & de *Marie-Anne* Perrier, dont il a *une fille*.

3° *Pierre*, Chevalier de S. Louis, Capitaine au Régiment de Champagne en 1743, s'eft trouvé à la bataille de Rocoux en 1746, à celle de Lawfelt en 1747, à celle de Haftenbeck en 1757, & à plufieurs autres fiéges & batailles ;

4° *Charles*, entré au Régiment de Luxembourg en 1739, a fait les campagnes de Bohême & de Baviere. Il s'eft trouvé aux fiéges d'Egra en 1741, & de Fribourg en 1744.

A été fait Sous-lieutenant au Régiment dei Gardes-Françoifes en 1746, a & fervi en cette qualité au fiége de Maftricht en 1748.

Il fut marié, le 21 Février 1753, avec *Genevieve-Angelique* Houdiart, dont il n'a point d'enfans : il s'eft retiré du fervice en 1755.

XIX.

JACQUES-JOSEPH de FAY de Peyraud, Seigneur de la Cheze, de la Chapelle-Perigny, d'Avanton, &c. nommé le *Marquis de la Cheze*, eft entré dans les Moufquetaires en 1739, & s'eft trouvé en ladite qualité à la bataille de Dettingen en Juin 1743.

S'eft retiré du fervice en 1745,

Et a épousé, par contrat du 21 Avril 1758, *Anne-Julie-Felicité* d'Auguille, fille de *Mathieu-Pierre* d'Auguille de Candé, & de *Françoise* de Bourdois.

Le Marquis de la Cheze a de son mariage,

1° *Jean-Hector Jacques*, né le 2 Septembre 1760 ;

2°. *Julie-Françoise*, née le 15 Mars 1759.

SEIGNEURS DE LA GIBOTIERE.

XVII.

FRANÇOIS de FAY de Peyraud, II du nom, Seigneur de la Gibotiere (2e fils de *Philippe* de Fay de Peyraud, Seigneur de la Cheze, & de *Marguerite* de Houssaux) servit d'abord dans le Régiment d'Hainaut, & fut ensuite Capitaine dans le Régiment Royal des Fusiliers : il eut une jambe cassée à la bataille de Fleurus en 1690 ;

Eut la Croix de S. Louis en Avril 1693, tems de la création de cet Ordre, & fut le seul Capitaine d'Infanterie qui fut reçu alors.

N'étant pas en état de continuer le service dans les troupes, il accepta la place de Major de Belle-Isle sur les côtes de Bretagne, où il mourut.

Il avoit épousé, par contrat du 3 Avril 1701, *Magdelaine* Jarry, & laissa de ce mariage,

1° *Pierre-François*, qui suit ;

2° *Philippe-Basile*, Capitaine au Régiment Royal Artillerie en 1727: il a servi vingt-cinq années de suite, s'est trouvé à vingt-trois siéges & à trois batailles : il fut blessé d'un éclat de bombe à Fribourg en Brisgaw, en 1744, eut la croix de S. Louis en 1745 : il avoit été marié en 1741, avec *Marguerite-Jeanne-Encalie* de la Sayette, dont il n'a point d'enfans.

XVIII.

PIERRE-FRANÇOIS de FAY de Peyraud, Seigneur de la Gibotiere, &c. Chevalier de S. Louis, Capitaine au Régiment Royal Artillerie, en 1720, a commandé les Sapeurs à tous les siéges où il a été employé, où il s'est toujours distingué par son activité & sa bravoure, entr'autres, à la bataille de Lawfelt, où il commandoit une batterie en 17... Il s'est retiré du service en 1755.

Le Privilége & l'Approbation se trouveront dans le Nobiliaire historique de Languedoc qui va paroître incessamment.

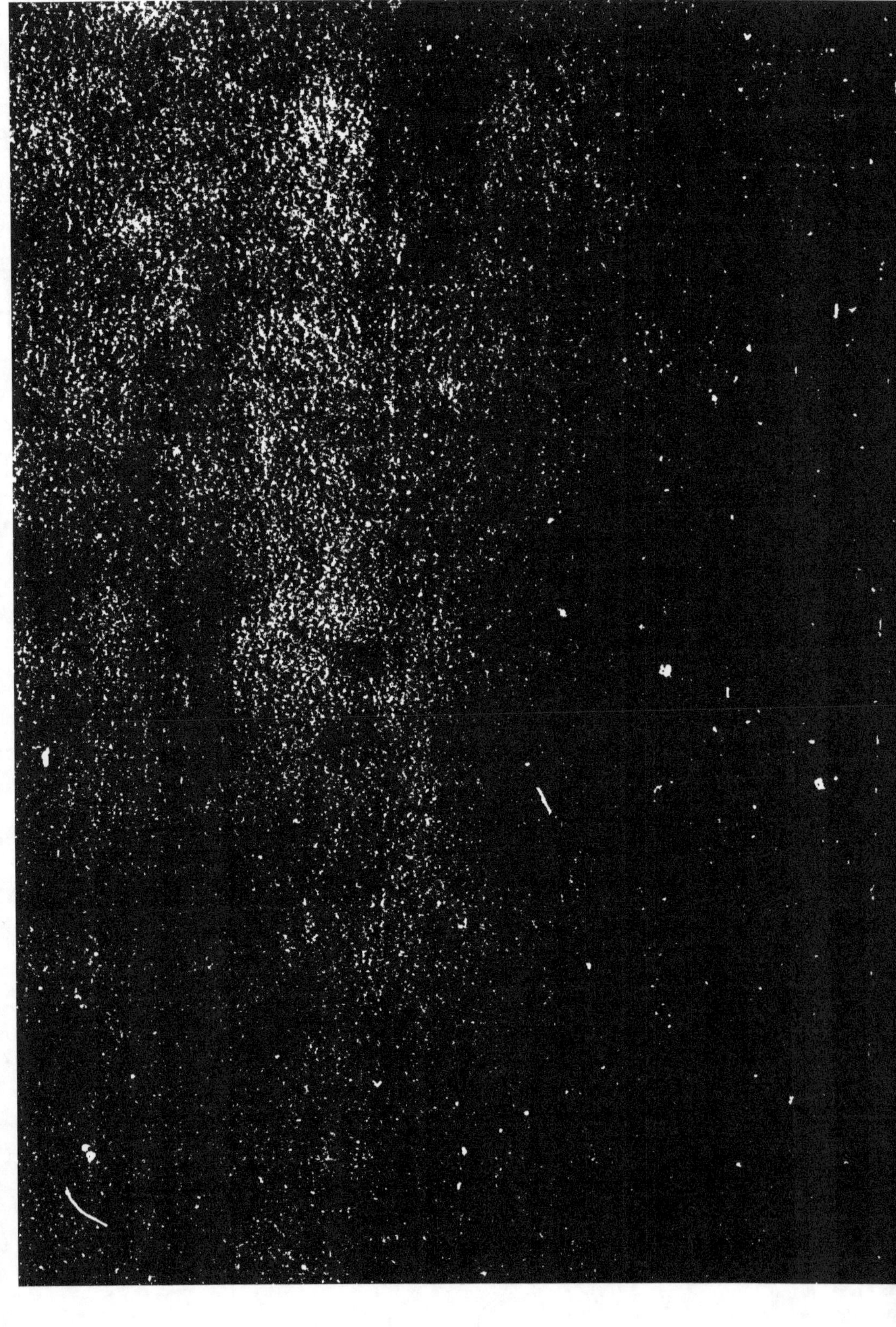

www.ingramcontent.com/pod-product-compliance
Lightning Source LLC
Chambersburg PA
CBHW051153050726
47594CB00007B/2875